Die Frau,
die nicht sein durfte

Die Frau, die nicht sein durfte

die nicht sein durfte

Gedichte und Träume einer Geliebten

Fraya Lichterweg

Bibliographische Information der Deutschen Nationalbibliothek: Die Deutsche Nationalbibliothek verzeichnet diese Publikation in der Deutschen Nationalbibliografie; detaillierte bibliographische Angaben sind im Internet über dnb.dnb.de abrufbar.

Cover: Antje Müller

Herstellung und Verlag: BoD – Books on Demand, Norderstedt

ISBN 9783756219995

INHALT

	Seite
Mensch und Seele 1	10
Vorwort	12
Das Vorspiel	
Fantasie	17
Was ist denn los?	19
Zwischen dort und hier	20
Das Spiel	
Der Elefant	23
Vertraue!	25
Februar	26
Dein Gruß	28
Schweigen	29
Nur in die Seele tauchen	30
Die graue Socke	33
Gutes Nass ist blasser	35
Blaue Riesenblumen	38
Erste Strophe	40
Theater	42
Blondchen	43
Da und fort	44
Die Brücke	46
Zwei Vögel	50
Die Pause	
Im roten Auto	54
Mensch und Seele 2	56
Die Reprise	
Endlich	59
Warnung	63
Die rote Jacke	67
Gute Miene…	69
Einseitig	72
Kugelhagel	74
Der zerfallene Körper	78
Bestandsaufnahme	80

	Seite
Der Schluss	
Viele leere Worte	83
Das Blümchen	86
Ende und Anfang	89
Das schwere Gewicht	90
Dich loslassen	92
Nachklang	
Der Flutwelle entkommen	97
Zu wenig	98
Das Kätzchen	100
Illusion	102
Mensch und Seele 3	105
Frag mich	107
Mensch und Seele 4	108

Mensch und Seele 1

Ich spüre deine Seele.
Ich sehe deine Seele.
Und ich liebe deine Seele.
Sie ist so rein, so wahr,
so pur, so voller Licht.
Sie ist vollkommen.
Ich sehe dich- in diesen Möglichkeiten.

Das bedeutet jedoch gleichzeitig,
dich nicht im Jetzt zu sehen.
dich nicht als den Menschen zu sehen,
der du jetzt bist

Liebe ich dich, wie du bist?
Wer bist du?
Bist du der Mensch im Hier und Jetzt?
Oder bist du deine Seele in der Ewigkeit,
der All-Zeit?

Du lügst und betrügst und schweigst.
Das ist nicht, was ich liebe.

Doch warum höre ich deine Seele reden
und Wahrheit sprechen ohne Worte?
Warum glaube ich dir Seele mehr als dir Mensch?
Warum höre ich sie nur alleine und du nicht?

Sie ruft nach Wahrheit- und du hörst es nicht.

Sie liebt und du Mensch trägst es nicht nach außen.

Ich pflege die Seele zu sehen,

statt dich, Mensch.

Und doch ist es der Mensch, der handelt,

der mit mir umgeht

und der von mir fortgeht.

Vorwort

Die Gedichte, Träume und eine Fabel, die dieses Buch füllen, erzählen vor allem von meinen Gefühlen zu einem Mann, der für mich eine wichtige Rolle in meinem Leben spielte. Sie stammen aus der Zeit, als ich die heimliche Geliebte dieses verheirateten Mannes war, sowie aus den Jahren davor, als sich dieses Verhältnis nur anbahnte, aus einer Zeit später, als ich mit ihm eine Art Beziehung führte die doch verheimlicht bleiben sollte (obwohl er in Trennung lebte), den Jahren der Pause dazwischen, sowie aus einigen Monaten der Trauerarbeit, beziehungsweise der Nachreflexion. Alles in allem umfasst dieses Buch also eine Zeitspanne von etwa zwölf Jahren. Seitdem ist fast ein Jahrzehnt vergangen. Jetzt, mit ein wenig Abstand, möchte ich sie denjenigen nicht mehr vorenthalten, für die diese Worte etwas bedeuten.

Die Gedichte sind weitgehend zeitlich geordnet, Stil und Inhalt verändern sich deshalb der Entwicklung entsprechend. Ich habe sie ursprünglich nur für mich geschrieben, um ein Ventil für meine starken Gefühle zu haben und Klarheit in meine Gedanken zu bringen. Ein paar Träume aus meinem Schlaf, die ich aufschrieb, weil ich spürte, dass sie eine Aussage für mich hatten, kamen in den späteren Jahren hinzu, Träume, deren Sinn ich damals eher ahnte, als verstand. Zusammen mit einer Fabel, die als solche gekennzeichnet ist, bilden sie die Kurzgeschichten in diesem Buch.

Um die Träume einordnen und verstehen zu können, ist es gut, sich klarzumachen, dass Tiere oder andere Personen, die man nicht direkt aus seinem eigenen Leben kennt, auch Anteile des Träumers selbst widerspiegeln können. Das muss nicht so sein. Aber wenn im Traum eine kleine Katze, für die man sich plötzlich verantwortlich fühlt, anfängt, im Traum mit einem zu sprechen, ist es ziemlich wahrscheinlich, dass diese ein Bild dafür ist, wie man sich selbst behandelt. Ebenso träumte ich von dem Schlafzimmer der beiden, das ich nie zuvor gesehen hatte, das meine Situation aber gut versinnbildlichte.

Alle Namen und andere Wiedererkennungsmerkmale habe ich verändert. In den Träumen bin ich Lili (oder „ich"), Hans Geliebte. Alma ist die Frau von Hans.

Die Form ordne ich der Aussage und der Einfachheit unter. Für mein Gefühl ist die neutrale Geschlechtsform-die Form, die alle Möglichkeiten einschließt (weiblich, männlich, neutral, zweigeschlechtlich) zufällig die gleiche, wie die männliche Form (auch wenn der geschichtliche Ursprung hierfür damals ein anderer war). Wenn ich also schreibe: „Jemand, der liebt", dann enthält diese Form hier: „Eine, die liebt" und: „Einer, der liebt".

Es erwartet Sie nun Chaotisches, oft auch Unzusammen-hängendes, Lückenhaftes, der eigenen Interpretation bedürfendes- und doch Echtes, Intensives, Gefühlvolles. Da sind Gedichte mal mit, mal ohne Reim, ständig im Versmaß wechselnd oder auch ohne Versmaß, immer wieder aus dem Metrum fallend. Es gibt Sätze mit oder ohne Punkt oder Komma, je nachdem, wie ich gerade fühlte. Die Träume spielen in der Vergangenheit, wenn sie etwas Märchenhaftes haben, sonst aber in der Gegenwart.

Wenn Ihnen das jetzt ziemlich durcheinander vorkommt, kann ich das verstehen und ich kann Ihnen sagen: Durcheinander, das war ich auch.

Nun noch kurz ein paar allgemeine Worte:
Heimliche Geliebte, die sich als solche zu erkennen geben, werden (nachvollziehbarerweise) schnell verurteilt, von den einen, weil sie reden, von den anderen, weil sie schweigen oder schwiegen und sich so zum Teil eines Betruges machen, beziehungsweise sogar der Betrug sind. Betrug ist etwas Furchtbares. Auch das habe ich selbst mehrfach schmerzhaft erlebt. Immerhin hat es mich auf diese Weise auch die andere Perspektive fühlen lassen. Keine davon fühlt sich ganz richtig und gesund an. Doch jede Geschichte und jede Geliebte ist anders, Motive gibt es zahlreiche verschiedene. Was sie hier lesen werden, lässt sich nicht einfach übertragen, da wir alle Individuen sind mit eigener Geschichte, Werten, Sehnsüchten und so fort. Meine Geschichte ist nur meine Sichtweise und mein Gefühl zu dem, was ich erlebt oder wahrgenommen habe, sie erhebt nicht den Anspruch, kann ihn gar nicht erheben, eine übergeordnete Realität abzubilden, noch nicht einmal ihre eigene.

Warum möchte ich diese Gedichte und Träume trotz allem jetzt doch veröffentlichen? Weil mir selbst damals solche Worte etwas bedeutet hätten. Und wenn nun unter Ihnen Lesern jemand ist, bei dem durch das, was ich damals geschrieben habe, etwas ins Schwingen gebracht wird oder etwas widerklingt, dann haben die Worte schon einen Sinn bekommen.

Freya Lichterweg, Januar und Mai 2022

Das Vorspiel

Fantasie

„Benutze deine Fantasie", sagst du,
„in deiner Fantasie darfst du alles tun, was du willst…"
und lächelst mich augenzwinkernd an.

Alles, was ich will?

Ich spüre doch
dass du meine Gedanken siehst
und in mir liest
wie in einem offenen Buche
Und ich versuche
meinen Gedanken Einhalt zu gebieten
Sie zu verbieten
Um sie dann doch ganz sachte
freizulassen
dachte
anzufassen
diesen Arm und diese Wange
gerne lange
zuzulassen
lange Blicke und Ekstase
Abzuküssen diese Nase
und den Mund
und…und...und...

In deinen zauberhaften Augen
spiegeln sich meine Gedanken.
Oder waren es deine?

Was ist denn los?

Sie kommt in den Raum, in dem er ist.

Sie ist aufgeregt.

So aufgeregt,

dass ihr der Atem stockt.

Was ist denn los?

Nichts geht mehr.

Ich kann nicht singen.

Nun mach doch mal.

Tief atmen?

Sie versucht es vorsichtig.

Sie lenkt ihren Fokus um.

Sie denkt nur an das Atmen.

So lange,

bis alle Aufregung verschwunden ist

und sie-

nachdem sie eine halbe Stunde

alle Energie aufgebracht hat, sich zu konzentrieren-

wieder singen kann.

Sie lässt sich nicht mehr durcheinanderbringen.

So wenig,

dass sie es nicht bemerkt,

Dass er den Versuch unternimmt,

sie zu küssen.

Zwischen dort und hier

Kein echtes Gedicht

Zwischen dort und hier
zwischen Arbeit und Zuhaus
-im Nirgendwo, so hoffte er-
da stand sie da
und strahlte sehr

Er war verblüfft
auf ihren Anruf wartend
saß er dort
im Zug nach Haus
das Handy in der Hand
Sprachlos
blickte er sie an

Zwischen dort und hier
zwischen Arbeit und Zuhaus
-im Nirgendwo, so hoffte er-
gab er ihr einen Bonbon
und einen Kuss dazu
Es schmeckte gut
Er fuhr nach Haus

Zwischen dort und hier
zwischen Arbeit und Zuhaus

-im Nirgendwo, so hoffte er-
da blieb der Kuss
und rief nach mehr

Das Spiel

Der Elefant

Dem Elefanten Theobald
geht's gut im Zirkus Schlummerhalt.

Ist er in der Manege frei,
dann fallen seine Ketten.
Der enge Wagen- einerlei,
die Dunkelheit ist auch vorbei,
kann er den Fuß auf Samtstuhl betten.

An Hunger leiden muss er nicht,
und der Dompteur hat zu viel Stärke,
liest Theobald in dem Gesicht.
Und außerdem verteilt der Wicht
Leckres bei gelungenem Werke.

Doch manchmal träumt der Elefant
mit sehnsuchtsvollem Nüsternbeben
von der Prärie, die er gekannt.
Zirkuselefanten ist bekannt:
sie sind zu alt, um dort zu überleben.

Schon hat er graues Haar erkannt.
Er fühlt nicht mehr das Feuer
mit dem er früher elegant,
nur weil er das so lustig fand,
durchschritt die Steppe ungeheuer.

Matt sind die Augen, dunkel das Blut.

Der Ausritt ein Verbrechen.

Übermut

tut selten gut.

Gute Gründe, die dagegensprechen:

Gut geht's im Zirkus Theobald!

Er ist halt nur ein wenig alt.

Vertraue!

Hab' keine Angst!

Ich meine es ehrlich mit Dir

Keine Angst

solange ich diese grenzenlose Liebe

in deinen Augen sehe

werde ich nicht eifersüchtig sein

Vergnügt möchte ich dich

Ich weiß, dass man dich Paradiesvogel

nicht in einen Käfig sperren darf

wenn man seinen lebendigen Gesang liebt

Deine Liebe zu mir ist wie das Meer

weit, unergründlich

und Leben in vielfältigsten Formen bergend

Hab keine Angst, darin zu ertrinken!

Ich bin Salz genug, dich zu tragen

Meine Liebe zu dir gleicht der Frühlingsluft

überall, doch unaufdringlich

man riecht in ihr alles, was man für das Wachstum

braucht

die Sonne und den Morgentau

erstes zartes Grün und Blütenduft

Selbst wenn der Frühling ginge

die Luft bleibt

Deshalb vertraue

Vertraue dir

Februar

Ein Vöglein sitzt in den Zweigen.
Einsam. Setzt an und tirilliert
erstmals nach winterlichem Schweigen.
Der Februar nach Frühling giert.

Das erste Lämmchen ist geboren,
unter den Füßen gibt alles nach.
Die Härte des Frostes verloren,
seit Februar von Frühling sprach.

Wie kommt es, dass mein Herz,
das im Winter einfach weiterschlägt,
nun laut ruft in sehnsüchtigem Schmerz
nach dir? Als wenn es dein Fehlen nicht länger erträgt.

Ruf' nicht zu laut, du musst noch einsam bleiben.
An meinem Herzen zieht ein Band.
Es zieht zu dir. Contra Verstand:
der muss viel Kraft auftreiben.

Bin sonst so stark. Was macht mich schwach?
Schwächt mich, wie Frühlingslüfte singen?
Oder ist es Kraft, die sie mir bringen?
Die in mir klingt und macht mich wach.

Warum möchte ich nur dich?

Bist alles: Heiß und kalt, bist stark und zart,
selbstbewusst und so verletzlich.
Butterweich und eisenhart,
schrecklich schön und wunderbar entsetzlich.

Dein leises Lächeln ist Magie,
lässt meine Gedanken durcheinanderschweben.
Ist Schmelztiegel für meine Knie,
herrlich seltsames Erleben.

Du, der meine Sprache sprechen kann!
All dies Erstaunliches verkündet.
Du kannst wohl was, das keiner kann.
Doch ist das nicht Kern dessen, was mich für dich
entzündet.

Kind des Februars.
Sinnbild eines einzigartigen Falles.
Bei dir fühl ich mich eins.
Eins mit dir,
eins mit mir,
eins mit allem,
eins und ganz.
Du Alles.

Dein Gruß

Der Apparat blinkt leuchtend grün.
Welche Nachricht mag ihr blüh'n?
Vorahnung einer Kunde:
Er blinkt grün, der Apparat.
Eine Stimme, stark und zart
spricht zu ungewohnter Stunde.

Diese Nachricht ziemlich kurz,
einem ander'n vielleicht schnurz
lässt sie auf der Wolke schweben.
Bringt die Nüstern schnell zum Beben.
Welch ein herrliches Erleben!

Am Sonntag meiner hast gedacht,
mir damit eine Freud' gemacht.
So blinkt es denn noch heute
und kündet mir ohne Verdruss
Deinen Gruß...
Das war's, was mich erfreute.

Schweigen

Du rufst nicht an.

Warum nicht?

Du redest nicht mit mir.

Du hast Angst, dass wir es zerreden.

Doch pass auf, dass wir es nicht zerschweigen.

Manchmal bin ich kein aufmerksamer Zuhörer.

Vorher bin ich ungeduldig.

Nachher bist Du weg.

O doch, auch das Allgemeine interessiert mich.

Aber erst, wenn die persönlichen Worte,

die durch die Luft geistern

Gestalt durch deine Stimme bekommen haben.

Das Allgemeine als Schleier des Persönlichen

interessiert mich nicht.

Lieber ist mir eine Tür

zu einem weiteren Zimmer

deiner Persönlichkeit.

Du interessierst mich.

Und das, was dich interessiert

wenn es deine Tiefen sind, die brennen.

Du brauchst keine Ablenkungsmanöver.

Ich habe zu viel gesehen, um zu erschrecken.

Ich kenne dich schon.

Du hast keinen Grund, dich zu fürchten.

Nur in die Seele tauchen

Wie kannst du
der du für das Publikum
jegliches Gefühl vergrößerst im Gesicht
so sichtbar gemacht, als wäre es aus Glas
hinter dem man ganz deutlich die Seele sieht
Wie kannst du
der du Gefühle anderer zu deinen gemacht
so spiegelnd, dass du Herzen damit blenden kannst
Wie kannst du
so verschlossen sein
bei mir?
Warum versuchst du, deine Seele
zu verstecken?
Würden nicht deine Hände es leise flüstern
woher wüsste ich
dass du mich meinst?
Keine Geste, kein Wort
Dein Kopf versteht dich nicht
nur deine Hände strahlen es aus
Selten dein Blick
Selten dein Umgang mit mir
Es ist, als wolltest du es vor mir verbergen
dass du mich
auf eine Weise liebst
die du weder verstehst noch gutheißt

Willst nicht, dass ich dich zu sehr liebe
Kannst mir ja mehr nicht geben

Was ich von Dir will?

Nur
in deine Seele eintauchen
und dich in der meinen baden lassen

Gibt es Höheres?
Gefährlicheres?

Ich verstehe jetzt deine Verschlossenheit:
Vielleicht können wir gar nicht schwimmen!
Aber vielleicht ist es auch besser, zu ertrinken
als alleine auf seiner einsamen Insel zu bleiben
Vielleicht kann man auch
    auf dem Trockenen schwimmen lernen
oder Schwimmflügel nehmen
Doch im Moment verbietest du mir das Baden
Bei der Hitze reizt der Anblick des Wassers

Vielleicht sollte ich lieber gehen
Doch warum ruft das Wasser leise nach mir
wenn ich nicht davorstehe?
Oder ist es nur das Säuseln des Windes?
Wasser, du bist mir ein Rätsel
Nach dir sehne ich mich

Und doch gab es eine Zeit
da ließest du mich
die Hände in dir baden

Seele
Vielleicht kommt dieser Augenblick nie wieder
Wahrscheinlich rufst du mich wieder ans Ufer
Ich kann es nicht lassen
Noch werde ich wiederkommen
und wieder kommen
Adé Wasser

Die graue Socke

Lili ist mit Hans in dem Haus von Hans und Alma, unten im Wohnzimmer. Hier ist ein kleines, graues Sofa, ein Glastisch, ein heller Läufer auf dem Boden. Kurz zuvor ist Hans ist dort noch innig und warm mit Lili zusammengewesen, doch jetzt ist sein Blick kühl; mit diesem Blick sagt er ihr, dass er wolle, dass sie gehe. Er hat zuvor davon geredet, dass Alma zwischen vier und halb fünf wiederkomme. Jetzt ist es fast vier. Hans sagt nichts zu Lili, zeigt aber nun mit seiner geschäftigen Distanz, was er von ihr erwartet, und dadurch, dass er sie gar nicht mehr weiter anschaut, dann nickt er ihr kurz und unmissverständlich zum Abschied zu und verschwindet ins Bad, um sich frisch zu machen.

Hat Lili nicht oben noch etwas vergessen? Sie geht leise die Treppe hoch- eine weiße Geländertreppe-, um nachzuschauen, denn sie weiß ja, dass Alma nichts von Lili finden darf, sonst würde Alma von ihr wissen, und es würde Hans wütend machen, wenn Alma etwas durch Lilis Fahrlässigkeit von dem Verhältnis merken würde. Vielleicht würde Lili Hans dann verlieren, und vielleicht sogar seine Zuneigung.

Dort oben ist das Schlafzimmer der beiden. Hier in diesem Zimmer ist Alma als letzte gewesen. Ein riesengroßes Bett mit rotem Bettbezug steht in der Mitte. Eine hastig ausgezogene Jeans von Alma liegt auf dem Boden, denn sie hat sich schnell für die Arbeit umgezogen.

Am Kopfende des Bettes, in der Ritze zwischen Matratze und Bettgestell steckt noch unbemerkt eine kleine graue Socke von Lili. Lili bemerkt die Socke, obwohl diese dort wirklich gut versteckt ist und zieht sie heraus. Schnell steckt sie die Socke ein, die niemand finden darf. Sie tritt dann ganz, ganz leise auf den Flur, weil sie nicht genau weiß, ob Alma nicht inzwischen wieder da ist. Lili macht sich so gut wie unsichtbar, sie macht ganz vorsichtige Schritte- und geht.

Hans ist noch immer im Bad.

Gutes Nass ist blasser

Und wieder bist du fort.
An welchem Ort?
Ich höre keinen Ton-
seit Tagen schon.
Ein weiblicher Schoß?
Oder was ist los?

Ich weiß doch so wenig über dich.
Das wundert mich.
Der Weiber Schoß?
Das ist es nicht.
Das machen andre sich zur Pflicht.

Ich tauche tief in deine Augen
und finde keinen Grund.
Sie scheinen mich fast einzusaugen,
und schwimmen ist gesund.

Je tiefer ich komme, umso klarer das Wasser.
Ist dort deine Melancholie?
Ich werde inzwischen nasser und nasser.
Glaubten die andren dir nie?

Je klarer das Wasser,
umso weniger ist es selbst zu sehen.
Ich schaue hindurch,

um, wie ein Lurch
zu verstehen:
Gutes Nass ist blasser!

„Ich kann nicht kommen, weil ich nicht kommen kann,
ich kann nicht sprechen, weil ich nicht weiß, wann
ich sprechen kann, ich sagen kann,
wann wir uns sehen.
Kannst du das verstehen?"

Verstehen, das kann ich nicht ganz.
Doch mittlerweile glauben.
Deiner Augen dunkler Glanz
kann mir den Zweifel rauben.

Eine Bitte habe ich:
Such' du für mich
und such' für dich
den Grund.
Sprechen ist gesund!

Vielleicht ist es Angst, weshalb du schweigst.
Doch Angst wovor?
Weshalb immer du auch bangst,
Ich gäb' dir gern mein Ohr!
Vielleicht liebst du Ruhe.
Ich übe Geduld.

Als fremdes Paar Schuhe
trag ich wohl die Schuld?

Glaubst etwa, ein mürrischer Mann
wäre schlechter als keiner?
Das ich etwas sagen kann,
wie: „Was bist denn du für einer?"

Gewiss, ich liebe deine guten Seiten.
Die Komplimente, das zarte Wort.
Doch will ich deinen Zorn, dein Streiten
teilen, lindern und so fort.

Wut, Traurigkeit, Zweifel, Schuld
(vielleicht gar meine Ungeduld?)
sind weniger Ketten,
als andre Facetten.

Ich mag dich erleben!
Auch in Melancholie.
Will nicht an dir kleben-
Es geht mir um's „Wie".

Ich möchte mit dir sein.
Bist auch du mit mir?
Ich möchte bei dir sein.
In Gedanken oder hier.

Blaue Riesenblumen

Während sie an Hans gedacht hatte, hatte Lili Blumen gesät. Jetzt waren sie enorm schnell hochgeschossen. Schon nach zwei Tagen öffneten sich die mannshohen Blumen und zeigten ihre wunderschönen, tellergroßen Blüten in einem wunderschönen, warmen Himmelblau. Viele davon wuchsen direkt an Lilis Zaun. Lili war entzückt von der Schönheit dieser Blumen!

Einige Samenkörner müssen wohl durch den Zaun hindurchgefallen sein, denn auf der anderen Seite des Zaunes wuchsen diese Blumen nun auch, manche von ihnen waren schon kniehoch. Lili wusste, dass sich einige andere Menschen- und auch Hans- darüber empören würden, dass diese dort wuchsen. Lili nahm sich also vor, diese Blumen gleich zu versetzen, so dass sie niemanden stören konnten. Zuvor aber wollte sie Hans anrufen, um ihm von der Schönheit der traumhaften Blumen zu erzählen.

Lili wählte also seine Nummer, es klickte, und eine elektronische Ansage sagte: „Der Teilnehmer kann nicht antworten, da er freiwillig den Tod gewählt hat."

Manchmal ist es in einem Traum so, dass man plötzlich der allgegenwärtige Beobachter ist, der zudem in der Zeit springen kann und alle Gefühle und Gedanken der Beteiligten hören und spüren kann. So sah Lili jetzt als allgegenwärtiger Beobachter, was passiert war: Hans hatte plötzlich gemerkt, dass er Lili liebte. Da er sich überhaupt nicht vorstellen konnte, sich von seiner Frau zu trennen, war ihm in dem Moment kein anderer Ausweg eingefallen, als der Tod.

‚Das war wirklich dumm von dir', dachte Lili zutiefst bestürzt. ‚Hättest du einfach zwei Jahre gewartet, hätte sich alles von alleine geklärt', (sagte ihr die Rolle als allgegenwärtiger Beobachter, der im Traum natürlich von einer möglichen Zukunft in parallelen Realitätsebenen weiß). ‚Jetzt hast du etwas getan, das du nicht mehr rückgängig machen kannst, und wir beide müssen ein ganzes Leben warten.'

Sie sah auf die wunderschönen blauen Blumen, die immer noch so hübsch in ihrem Garten blühten und die Hans nicht mehr sehen würde, obwohl es doch die Gedanken an ihn gewesen waren, mit denen Lili gesät hatte.

Erste Strophe

Lieber
Du willst, dass alles so bleibt, wie es ist.
Hier
und wieder daheim.
Außen wie immer.

Doch meine tiefen Gefühle, mein Verlangen,
deren Fülle ich dir nie ganz geben durfte,
obwohl sie zu dir drängten,
sie verlangten immer danach
dir zu singen.
Du, nicht gewillt, jenes tosende Lied bis zum Ende
anzuhören,
bekommst nun die erste der vielen Strophen.
Der Rest, früher erstickt,
singt bald, wo man es lieber hört?
Und umso schöner singt es sich,
wenn Strophe sich an Strophe reiht.
Sind die anderen Strophen besser als die erste?
Wie kann man das wissen ohne alles zu hören?
So ist das Lied nicht ganz, und der Spannungsbogen
bricht.
Wie soll sich seine Lieblichkeit entfalten?

Du willst nur die erste Strophe?
Das verstehe ich nicht.

Ob man Dir woanders schöner singt?

Daran zweifle ich.

Vielleicht ist das Lied zu schön,

als dass Du es ertragen könntest,

wieder fort zu gehen?

Nun denn,

noch gönn' ich uns die erste Strophe-

umso mehr, da es noch weiterklingt.

Doch bald möcht' ich dieses Lied- und sei's woanders-

vom Anfang bis zum Ende singen.

Bald wirst Du sagen müssen,

ob Dir alles oder gar nichts klingt.

Wann kann ich nicht sagen.

Vielleicht werde ich dich nicht mehr fragen.

Vielleicht ist Irgendwann zu spät.

Hast du Zeit, Dich zu fragen, was Du wirklich willst?

Theater

Lili sitzt neben Hans in seiner Kabine im Theater, Hans spielt dort eine Hauptrolle in einem Stück. Die Kabine ist bunt, eng, ein wenig chaotisch. Unten herum ist Hans nur mit einer Unterhose bekleidet. Er sieht Richtung Tür, reagiert auf die vielen Stimmen, die ihm sagen, er müsse doch nun endlich kommen, die Vorstellung finge gleich an. Im nächsten Moment ist die Tür geöffnet und er ruft der Garderobiere zu, sie könne ruhig hereinkommen. Da fällt sein Blick auf Lili, voller Erstaunen flüstert er: „Du bist ja immer noch da!"

„Sollte ich gehen?" fragt sie. Lautlos formt Hans mit seinen Lippen, dass sie jetzt aufstehen und einen großen Schritt zurücktreten solle und dann laut sagen solle: „Oh, jetzt muss ich aber gehen!" Lili schaut Hans groß an, während sie sagt: „Wie bitte?"

Was für ein Theater, denkt sie.

Blondchen

Um zu zeigen, wie wenig Lili zu fordern hat, hat Hans (gerade nachdem er dort mit Lili geschlafen hat) das Klischee eines Blondchens in Lilis Bett geholt und vögelt sie vor Lilis Augen. Dabei schaut er Lili an, der Blick sagt: ‚Ja, guck nur ganz genau hin!'.

Lili ruft: „Das ist mein Bett! Raus aus meinem Bett!" Die beiden machen einfach weiter, Hans lächelt nun sogar leicht, immer mit fixem Blick auf Lili. Da Lili nichts besseres einfällt, um sich zu wehren, nimmt sie das nächstbeste, das sie findet- ihre Bodylotion, die auf dem Tisch daneben steht- und bespritzt die beiden damit. Ganz kurz halten Hans und Blondchen inne, lassen aber nicht voneinander ab, Hans lacht nur kurz auf, die beiden scheinen sogar Gefallen an der Bodylotion zu finden. Also schmiert Lili den beiden die Lotion wütend in die Haare. Hans schaut sie mit einem Das-muss-doch-jetzt-nicht-sein-Blick an, Blondchens Blick sagt nur müde: „Was soll denn das jetzt".

Lili schreit nun: „Und jetzt sofort raus aus meinem Bett!", woraufhin Hans endlich betont ruhig von Blondchen ablässt.

Ein wenig empört sagt Blondchen zu Hans: „Doch jetzt noch nicht. Du bist doch noch gar nicht gekommen." Hans antwortet ihr geringschätzig: „Eben genau deshalb."

Da und fort

Was erfüllt mich große Trauer
in höchster Liebesglut?
Moment von kurzer Dauer,
des Feuerwerkes Schauer,
du tust doch sonst so gut.

Ich spüre meine Träne
und höre doch mein „Ja!"
Ach hätt' ich nur Migräne!
Doch bleckt' ich selbst die Zähne,
er bliebe doch nicht da.

War's einst Moment der Wonne?
Wie lange ist das her?
Die Zeit ist um. Das Bett ist leer.
Verkrochen ist die Sonne.

Wer warst du? Wo bist du?
Warum warst du hier?
Hören wir uns nächstes Mal zu?
Nein, die Zeit vergeht im Nu.
Wie's scheint, gefällt das dir.

Wo bleibst du? Und wo bleibe ich?
Wochen sind wieder vergangen.

Wann verstehe ich Dich?

Wann verstehe ich mich?

Wann sind wir nicht mehr gefangen?

Die Brücke

Es waren einmal ein Mann und eine Frau, die lebten auf einer kleinen Halbinsel. Dort lebten sie lange Zeit vergnügt miteinander, denn es war angenehm warm dort, und der Sand war weich. Obwohl die Halbinsel sehr klein war- vielleicht hatte sie einen Durchmesser von 7 oder 10 Metern-, war sie doch schön; ein paar Vögel zwitscherten dort und es gab Pflanzen, die jedoch leider keine Früchte trugen, die man essen konnte. Es gab aber einige Vorräte, von denen beide zehrten. Auf ihrer Seite des Flusses hinter dieser Halbinsel gab es nichts, wohin man hätte gelangen können, nach hinten hin war es undurchdringbar, es war ein unfruchtbares Land. Das heißt, eigentlich war es also eine Art kleine Insel.

Ein Fluss trennte dieses kleine Fleckchen Erde von einem grünen, saftigen, weiten Land, reich an Pflanzen, Tieren und Menschen. Da es dort Pflanzen und Tiere gab, gab es dort natürlich auch Nahrung, und da es Menschen gab, gab es natürlich auch Arbeitsplätze.

Der Mann und die Frau auf der kleinen Insel hatten es schön dort, sie genossen die Sonne und sich gegenseitig, spielten in dem weichen Grün, und lauschten dem Plätschern des Flusses und den Vögeln in den Zweigen.

Es kam jedoch der Tag, an dem die Vorräte sich dem Ende neigten. Die Frau hatte ihr letztes Stück Brot gegessen und sagte zu dem Mann: „Bald werde ich wieder Hunger bekommen. Wir müssen auf die andere Seite des Flusses". Sie dachte daran, dass man dort arbeiten konnte und sich so Essen und was man sonst noch zum Leben brauchte, kaufen konnte. Sie dachte auch daran, dass es gut wäre, wieder unter andere Menschen zu kommen, denn so schön es auf der Insel auch war, war Muße auf die Dauer doch etwas einseitig. Sie vermisste das Leben mit anderen und das bunte Treiben, und sie wollte Dinge tun, die für irgendjemanden gut und nützlich waren.

Sie suchte also gleich eine Stelle des Flusses, die gut wäre, um eine Art Brücke aus Holzresten zum Überqueren zu bauen. Nach kurzer Zeit schon hatte sie eine Stelle gefunden, wo der Fluss relativ schmal und seicht war. Sie fing sofort an, aus Ästen etwas zum Überqueren des Flusses zu bauen.

Der Mann saß bequem im Gras in der Nähe des Ufers und schaute zu. Er dachte nicht im mindesten daran, die Insel zu verlassen. Wir können nur spekulieren, woran das lag, denn dass die Vorräte zu Ende gingen, beunruhigte ihn in keinster Weise, und es schien ihn selbst auch gar nicht zu betreffen.

„Bemühe dich nicht, eine Brücke zu bauen", sagte er desinteressiert zu der Frau. „Es wird nicht gehen, was du da vorhast, denn der Fluss ist manchmal unglaublich reißend: Sobald du nur ein Stück fertiggebaut hast, wird der Fluss steigen und alles fortschwemmen." Seltsamerweise sagte er das recht zufrieden.

Kaum hatte er seine Worte gesprochen, fing der Fluss tatsächlich an zu steigen, er wurde größer und sprudelte wild. In kurzer Zeit war die Stelle überschwemmt, an der die Frau gerade zu bauen anfangen wollte. Sie ließ die Schultern hängen und sah ihre Holzstückchen davontreiben. War ihre Bemühung ganz umsonst gewesen? Würde sie für immer auf der Insel bleiben müssen? Dort vielleicht verhungern? Andere Menschen nie wieder sehen können?

Immer höher und wilder wurde der Fluss, er führte mittlerweile einiges an Treibgut mit sich. Kleineres Gestrüpp und kleine Ästchen, dann Stöcker und einiges mehr. Schließlich war nun der Fluss schon so reißend und mächtig, dass er ganze Baumstämme mitschwemmte. Die Baumstämme schwammen vorbei, einer nach dem anderen- als der Fluss mit einem Mal wieder ruhiger wurde. Ein noch mitfließender Baumstamm verkantete sich vor den Augen der Frau im Fluss, ein nachfolgender legte sich so quer zum Fluss an den ersten Stamm, dass doch tatsächlich eine Art Brücke entstand! Voller Freude stieß die Frau einen Jubelschrei aus und balancierte auf den Baumstämmen bis zur Mitte des Flusses. Dort drehte sie sich fröhlich zu dem Mann um.

Er saß noch immer da und machte keine Anstalten, mitzukommen. Wollte er nicht mit? Oder konnte er nicht? Vielleicht, so dachte sie, war ja sein Gleichgewichtssinn nicht so gut ausgeprägt, wie ihrer? Und deshalb traute er sich nicht über die Stämme?

„Komm!" rief sie, „ich muss auf die andere Seite, denn ich habe hier kein Geld mehr!". Damit meinte sie, dass sie dort auf der anderen Seite des Flusses Arbeit finden wollte.

Der Mann verstand die Frau jedoch anders: „Ah, du willst mit mir einen Handel treiben", sagt er eifrig, „Du willst mir wohl die Baumstämme verkaufen, damit du wieder Geld hast."

Die Frau fühlte sich bei diesen Worten gekränkt. Wie konnte er glauben, dass sie ihm etwas verkaufen würde, das ihr gar nicht gehörte, denn die Baumstämme waren ja nicht ihre. Außerdem wollte sie nicht sein Geld erhandeln. Vor allem aber würde seine Idee, die Baumstämme zu verkaufen, bedeuten, dass die Baumstämme ja gar keine Brücke mehr sein konnten. Und es war wirklich wichtig für sie, auf die andere Seite des Flusses zu kommen. War das dem Mann nicht klar, wie wichtig es für sie war?

„Nein", sagte sie, „ich will mit dir keinen Handel treiben! Ich muss auf die andere Seite des Flusses!" Der Mann nickte ernst und blieb sitzen. Sie wagte noch einen Versuch: „Und du?", fragte sie, „kommst du auch?"

Der Mann sah sie nur ernst an. Dann war er schon wieder mit wichtiger Miene mit anderen Dingen beschäftigt. (War da nicht gerade so ein interessantes Tierchen im Sand?)

Die Frau drehte sich also wieder nach vorne und ging alleine weiter. Sie ging über die Brücke, in Richtung des fruchtbaren Landes, dem Land, das grün und saftig war, wo sie eine schöne Arbeit finden konnte, zu den Tieren und Menschen.

Zwei Vögel

(eine Fabel)

Es waren einmal zwei Vögel. Ein roter Vogel und ein blauer Vogel. Beide konnten sehr schön fliegen.

„Lass uns zusammen Zeit verbringen!", sagte der rote Vogel, „wir könnten viele schöne Dinge gemeinsam tun."

„Oh ja, gerne", antwortete der blaue Vogel, „aber zuerst muss ich etwas Wichtiges tun."

„Was ist das Wichtiges?"

„Ich bringe anderen das Fliegen bei, und am Abend zeige ich, wie wunderbar es aussehen kann, kunstvoll zu fliegen: Da fliege ich selbst."

„Oh ja", staunte der rote Vogel begeistert, „das ist wirklich wichtig. Und wenn Du damit fertig bist, werden wir dann Zeit miteinander verbringen?"

„Das möchte ich gern", erwiderte der blaue Vogel, „doch ob ich kann, das sehen wir dann."

Als der blaue Vogel mit diesen Dingen fertig war, fragte der rote: „Ist jetzt die Zeit, die wir zusammen verbringen können?"

„Nun", meinte der blaue Vogel, „Ich habe in meinem Nest noch kleine Vögel, die ich füttern muss; sie lernen gerade das Fliegen."

„Das ist wirklich wichtig", meinte der rote. Vogel. „Und wenn Du damit fertig bist, werden wir dann Zeit miteinander verbringen?"

„Das möchte ich liebend gern", seufzte der blaue Vogel, „doch ob ich kann, das sehen wir dann."

Als der blaue Vogel nun mit dem Füttern fertig war, fragte der rote wieder: „Ist jetzt Zeit?"

Da meinte der blaue: „Nun, da ist noch ein anderer Vogel, und wir haben uns schon vor langem gebunden. Wenn ich nun heute mit Dir Zeit verbringe, kann es sein, dass dieser Vogel sehr böse wird und wegfliegt. Ich muss auf einen besseren Zeitpunkt warten."

Der rote Vogel war unsicher, was der blaue Vogel mit diesen Worten wirklich sagen wollte, aber dass es schlecht war, wenn ein vertrauter Vogel böse wurde, das verstand er sehr wohl.

„Wenn der bessere Zeitpunkt gekommen ist, werden wir dann Zeit miteinander verbringen?" fragte er.

„Das möchte ich wirklich sehr gern", antwortete der blaue Vogel. „Doch ob ich kann, das sehen wir dann."

Als die Zeit gekommen war, fragte der rote wieder: „Willst Du nun Zeit mit mir verbringen?"

„Ich würde das sehr gern, nichts lieber als das, doch es ist nun schon wieder der nächste Tag, ich muss anderen das Fliegen beibringen und zeigen, wie wundervoll es aussehen kann, kunstvoll zu fliegen."

Da schwieg der rote Vogel. Er verstand, dass es keine gemeinsame Zeit gab.

Einige Zeit später stürzte der blaue Vogel beim Fliegen ab. Wie durch ein Wunder überlebte er. Er brach sich nur einen Flügel.

Voller Freude über sein wiedererlangtes Leben sagte er zum roten Vogel: "Mein Flügel wird wieder zusammenwachsen. Jetzt habe ich ein wenig Zeit. Wie gerne möchte ich diese Zeit mit Dir verbringen!"

„Wie schön", sagte nun der rote Vogel freudig, "Ich habe heute aber erst am Abend Zeit" Er musste selbst noch anderen das Fliegen beibringen, zeigen, wie wunderbar es ist, kunstvoll zu Fliegen und zwischendurch das Vögelchen in seinem eigenen Nest füttern. „Aber ab sieben hätte ich Zeit."

„Schade" , sagte noch der blaue Vogel.

Am Abend, um sieben, fragte der rote Vogel den blauen nun, ob es wohl mit dem Flügel schon soweit gehe, dass man sich sehen könne.

Während er das fragte, sah er schon, dass der blaue Vogel sich einen merkwürdigen Apparat an den kranken Flügel gebaut hatte. Er wollte sofort wieder fliegen. Er konnte nicht warten. Die Ruhe ertrug er nicht gut. „Nun", sagte der blaue Vogel, „ich muss gleich anderen das Fliegen beibringen und dann zeigen, wie wunderbar es ist, kunstvoll zu fliegen. Aber du kannst ja gerne zuschauen!"

„Oh." Der rote Vogel sah zweifelnd auf den kranken Flügel des blauen Vogels. Und dann begriff er. Der blaue Vogel brauchte das Fliegen, um wegfliegen zu können. Weg von jenem dritten Vogel, an den er gebunden war. Weg auch von dem roten Vogel. Und weg von der Ruhe, die ihn näher zu sich selbst gebracht hätte.

Was fliege ich einem Vogel hinterher, der sich und mich flieht? fragte sich der rote Vogel.

So drehte er sich um und ging.

Die Pause

Im roten Auto

Lili ist im Kopf gerade ganz woanders, als Hans nach etwa einem Jahr mit dem Auto vorfährt und sie fragt, ob sie nicht kurz zum Reden im Auto mitfahren wolle.

‚Warum nicht?' denkt sich Lili, ‚es ist gut, nochmal zu reden, es gibt einiges, das noch unklar ist.' Sie steigt also ins Auto und versucht als erstes zu erklären, dass sie wirklich nur zum Reden eingestiegen ist, nicht dass er jetzt etwas anderes erwarte. Wahrscheinlich hat Hans sie nicht ganz verstanden, seine Antwort jedenfalls ist lächelnd: „Ich denke nicht, dass dir mein Auto nicht gefällt."

Das Auto? Lili sieht sich das Auto an, es ist ein süßes, kleines Auto in einem schönen Tiefrot, es hat sehr geschwungene Linien mit einigen eleganten silberfarbenen Einfassungen innen und außen, sowie eine Holzarmatur.- Ja, das ist ihr Geschmack. Sogar eher ihr Geschmack als seiner.

„Das ist ein schönes Auto", sagt Lili.

Wieder antwortet Hans, ohne Bezug auf Lilis Worte zu nehmen: „Ich möchte, dass du mit mir in den Urlaub fährst, es würde drei Wochen dauern." Er sieht sie dabei nicht an, sondern sieht zuversichtlich auf die Straße, er fährt ja das Auto.

Lili ist erstaunt. Sie ist sich nicht sicher, ob Hans noch klar ist, dass sie keine Geliebte mehr sein möchte und deshalb diese Beziehung beendet hat.

„Hast du dich denn von deiner Frau getrennt?" fragt sie, doch das Auto ist so laut, dass Hans sie nicht hören kann, er redet einfach weiter. Er möchte, dass sie da ist, um auf seine Kinder aufzupassen, während er die ganze Zeit arbeiten wird. Lili soll da eine Aufseherin in einem sehr strengen Erziehungsheim sein, wo die Kinder nicht hüpfen und spielen dürfen, sondern im Gleichschritt marschieren müssen und graue Uniformen tragen. Lili solle sehr autoritär durchsetzen, dass die Kinder diese Regeln befolgen.

Entsetzt schaut Lili Hans an. Kennt er sie gar nicht? Sie zeigt ihm einen Vogel. „So etwas mache ich nicht." sagt sie.

Mensch und Seele 2

Ich spüre deine Seele.
Ich sehe deine Seele.
Und ich liebe deine Seele.
Sie ist so rein, so wahr,
So pur, so voller Licht.
Sie ist vollkommen.
Ich sehe dich- in diesen Möglichkeiten.

Das bedeutet jedoch gleichzeitig,
dich nicht im Jetzt zu sehen;
dich nicht als den Menschen zu sehen,
der du jetzt bist.

Liebe ich dich, wie du bist?
Wer bist du?
Bist du der Mensch im Hier und Jetzt?
Oder bist du deine Seele in der Ewigkeit,
der All-Zeit?

Du lügst und betrügst und schweigst.
Das ist nicht, was ich liebe.

Doch warum höre ich deine Seele reden
und Wahrheit sprechen ohne Worte?
Warum glaube ich dir Seele mehr als dir Mensch?

Warum höre ich sie nur alleine und du nicht?

Sie ruft nach Wahrheit- und du hörst es nicht.

Sie liebt und du Mensch trägst es nicht nach außen.

Ich pflegte die Seele zu sehen,

statt dich Mensch.

Und doch ist es der Mensch, der handelt,

Der mit mir umgeht,

und der von mir fortgeht.

Wenn ich im Hier und Jetzt mit dir sein will,

wenn ich mit dir eine verlässliche Beziehung leben

                                        möchte,

dann muss ich sehen, wie du *jetzt* bist.

Die Reprise

Mit Variation
und Umkehrung des Themas

Endlich

Endlich hat mein Leben eine Bahn.

Ich bin zufrieden.

Fühle mich gut in meinen vier Wänden.

Habe etwas aufgebaut.

Endlich tue ich nur, was mir Freude macht.

Daran habe ich lange gearbeitet.

Einen schönen Berufe habe ich.

Ich habe liebe Freunde:

Frauen, die offen reden und zuhören,

denen ich vertraue.

Es geht mir gut- endlich gut.

Einen Mann- wozu? Noch nicht sofort.

Mein Herz blutet nicht mehr. Da bin ich froh.

Doch die Wunden sind noch nicht ganz abgeheilt.

Endlich zufrieden allein.

Nächstes Mal werde ich ganz langsam sein.

Ich muss mich nicht einlassen.

Es darf Jahre dauern, bis ich mich wieder öffne.

Ich werde ganz, ganz vorsichtig sein.

Nur, wenn ich ganz sicher bin, nicht so fürchterlich

verletzt zu werden,

werde ich mich öffnen.

Nur dem, der wirklich gut ist für mich.

Nur da, wo ich mich ganz fühle.

Wo ich liebe und geliebt werde.

Bei jemandem, der mich achtet und in Respekt behandelt.

der ganz „ja" sagt zu mir.
Vielleicht ist der Wunsch zu groß-
Dann brauche ich keinen Mann.
Aber ich habe Zeit.
Viel Zeit. Endlich.

Und dann kommst du
Du, bei dem ich mich ganz fühlte
Und der doch nicht ganz da war
Oder nur kurz ganz
Du, bei dem ich weiß, es ist unmöglich
wegen der Umstände
Wo ich alles probiert habe
meine Liebe auszuhalten
Der mich am tiefsten berührt hat

Aber es ist gut, dass ich endlich weiß-
Du bist mir wichtig-
aber das reicht.
Ich will dich nicht halb,
denn das Sehnen nach dem Rest
ist unerträglich.
Ab und zu ein freundlicher Blick auf dich-
das reicht. Endlich.

Eine Andeutung von dir
Klare Worte, offenes Zuhören
Ich wackle

Das möchte ich nicht
Bin doch endlich…
auf festem Grund?

Wie sind die Umstände?

Die Umstände sind nicht mehr…

Ein Schleier fällt
Etwas fließt ab
Die Mauer bricht
Und stürzt. Ohne dass ich's gleich bemerke
Ich dachte, du berührst mich nicht mehr

Doch dann
wie ich dich umarme
ohne Schleier
ohne Mauern
Ist alles wieder da
Auf einem Schlag
Tosend. Brausend. Erschütternd
Gewaltig und unbeherrschbar
Ich fühle dich
Du fühlst mich
Ganz echt, ganz da
Ganz ganz
Du bist immer noch du-
mehr noch-

du bist endlich du

O Gott habe ich dich vermisst!

Ohne es zu merken

Endlich bist du da

Ganz da

Ich fühle dich ganz tief

Wie immer und ganz neu

Denn ich darf nun-

Darf dich sehen

Du zeigst dich

Du berührst mich so tief

Von Herz zu Herz

Endlich unendlich

Warnung

Irgendwann wird alles zu Ende sein
sagst du
Einer von uns wird den anderen zurücklassen
Du wirst mich verletzen
Ich werde dich verletzen
Ich bin nicht koscher
sagst du
habe gelogen, habe betrogen
Weißt du, auf wen du dich da einlässt?
Ich möchte nicht mehr verletzen
Ich werde wohl ins Kloster gehen müssen
Ich weiß nicht mehr, welche Gefühle von mir echt sind
Ich kann gut Dinge vorspielen
und vergessen, was ich fühle
Ich weiß nicht, warum mir diese Dinge
immer wieder passieren
Ich war unfair, als ich deine Hand ergriff
die mich in tiefster Not ein Stück ans Licht zog
Du sagtest mir, ich solle vorsichtig sein mit dir
Ich schlug die Worte in den Wind
Ich bin ein Egoist
Ich werde dir weh tun
letztendlich habe ich allen wehgetan
obwohl es nie meine Intention war
sagst du
Ich kann dir nichts versprechen

Ich weiß nicht, was ich will
Du bist mir wahnsinnig wichtig
Aber ich habe Dinge liegen gelassen
und nicht wirklich beendet
Vielleicht wird das nochmal Thema sein
Ich weiß nicht, was passieren wird
sagst du

Angesichts der Tatsache
  dass deine Augen flehen
  Lass mich nicht allein
  Halte mich. Tröste mich. Sei da
  Geh nicht
Angesichts der Tatsache
  dass deine Hand kalt und matt wird
  wenn ich sage lass dir Zeit
  und denk in Ruhe nach
Angesichts der Tatsache
  dass du mich bittest, zu dir zu kommen
  nur, um nochmal zu reden, bitte
  und dass deine Haut durchlässig
  dein Gefühl ausstrahlt
  und meine kleinste Berührung
  aufsaugt wie ein Schwamm
Angesichts der Tatsache
  dass du nicht schlafen kannst
  wenn ich dich alleine lasse
  um dir Zeit zu geben

Angesichts dessen

sind es unglaublich uneigennützige Worte

für einen Egoisten

Wahnsinnig ehrlich

für einen Betrüger

Sehr klar für jemanden

der die Worte lieber „charmant" sagt- oder gar nicht

Sie sind eine Warnung

vor dem, was sein könnte

wenn du wieder in alte Muster verfällst

Was durchaus möglich ist

Aber dass sie sind

zeigt

So ist es nicht heute

Heute ist klar, ehrlich und fair

Wir haben nicht das Paradies

wo alles ewig gut ist

Aber die Basis ist Wahrheit

und Liebe

Ich spüre sie

durch jedes warnende Wort

jeden Blick

Mehr Basis gibt es nicht

nicht heute

vielleicht nie

Denn Morgen kennen wir nicht

Deine Liebe und deine Wahrheit
Meine Liebe und meine Wahrheit
Das ist doch ein Fundament

Ich gehe das Risiko ein
Ich bin ein Spieler
aber ich spiele nicht
Ich weiß, ich kann scheitern
Auch ich bin nur ein Mensch
bin nicht perfekt
Auch ich verspreche nichts
Doch auch ich liebe
Und eher will ich heute scheitern
als mich morgen zu ärgern
es nie probiert zu haben

Die rote Jacke

Hans und Lili fuhren in einem süßen, roten Auto, sie wollten eigentlich zu Lili nach Hause fahren. Hans saß am Steuer und lenkte das Auto durch mannshohes Gras, hoch wie ein Maisfeld im August. Er konnte- im Gegensatz zu Lili- über dieses Gras mit seinem Feldstecher hinwegsehen. Hans fuhr mit Lili diesen anderen, umständlichen Weg, weil er dort hinten einen interessanten Ort sah, wo man kegeln konnte, wie er zu Lili sagte.

Schnitt. Das Kegeln war wohl vergessen, doch auf dem Weg wollten beide noch ein kleines Mädchen abholen, und es war aus irgendeinem Grunde sehr wichtig, sie abzuholen. Hans und Lili kamen zu einem zehnstöckigen Kaufhaus, dort sollten sie das Mädchen treffen. Sie fuhren also mit dem Lift ein paar Stockwerke nach oben und trafen sie tatsächlich dort im Gewimmel der Menschen. Es war ein hübsches, etwa zehnjähriges Mädchen mit einer leichten, angeborenen geistigen Einschränkung. Dieses Mädchen kannte Lili und Hans und freute sich schon auf beide. Sie war sehr verträumt und schaute Lili freundlich an, während sie Hans' Hand nahm.

Wieder unten vor dem Eingang des Kaufhauses angelangt, stellte Lili fest, dass sie ihre rote Jacke gar nicht mehr hatte. ‚Habe ich sie oben überhaupt angehabt? grübelte sie so für sich. Nein, hatte sie nicht. Aber das süße Mädchen- sie hieß Daniela, jetzt erst fiel Lili der Name ein- hatte oben eine rote Jacke getragen. Lili schaute Daniela an- Hans war jetzt Daniela! Wohl schon immer gewesen. ‚Eigenartig', dachte Lili, ‚dass mir erst jetzt sein „richtiger" Name -Daniela- eingefallen ist. Warum habe ich sie nur zuvor immer Hans genannt?' Die rote Jacke trug Daniela allerdings nun nicht mehr.

Lili sprach also das vertraute kleine Mädchen sanft an:

„Daniela, weißt, du, wo du zuletzt die rote Jacke gesehen hast, die du anhattest?"

Das kleine Mädchen lächelte verträumt und schaute so vor sich hin ins Nichts, während sie flüsterte: „Jacke? Nein".

„Ist die Jacke vielleicht noch oben?" fragte Lili weiter.

„Die Jacke...oben?" Jetzt wandte Daniela den Blick erstaunt zu Lili: „Oben!" und sah wieder ins Leere, während sie flüsterte:„ Ja.."

Lili fuhr also ins oberste Stockwerk. Dort war ein großer, menschenleerer Konferenzraum- und dort auf einem Stuhl lag tatsächlich die rote Jacke. Es war Lilis Jacke und gleichzeitig die, die Daniela angehabt hatte. Es war zwar klar, dass Daniela die Jacke von Lili einfach angezogen und liegengelassen hatte, aber Daniela wusste nichts von richtig oder falsch, das war eben ihre Art der geistigen Einschränkung, kein Grund also, ihr böse zu sein. Lili nahm die Jacke und fuhr wieder nach unten.

Mit Hans, der nun wieder seine alte Gestalt hatte, fuhr Lili dann zu sich nach Hause, nur um Hans zu zeigen, wo sie wohnte. Es war ein leicht chaotisches, kleines Zimmer in einem mehrstöckigen Haus. Es war warm, gemütlich und hell dort. Nach der Besichtigung zeigte sich Hans beeindruckt. Er hatte noch nie zuvor wirklich gesehen, wo Lili wohnte. Er hätte nicht gedacht, dass es dort so hell und gemütlich wäre.

„Es ist das hellste Zimmer im ganzen Haus" , lobte er.

„Ja", sagte Lili einfach.

Gute Miene…

Auf der Bühne, im Theater. Ich und ein Mann müssen im Hintergrund Lieder singen. Ich weiß überhaupt nicht, worum es geht und warum ich hier bin, kenne auch weder Text noch Melodie der Lieder, kann mich gerade so an die Lippen meines Mitstreiters hängen. Dadurch klingt meine Stimme natürlich nicht wirklich gut, denn ich muss mich sehr konzentrieren. Zum Glück ist die Szene vorbei, ich kann wieder hinter den Vorhang treten. Ich soll aber jetzt von hinten irgendwelche lustigen Geräusche machen und mitstampfen, wie der Co- Regisseur mir nonverbal verständlich macht.

Hans tritt von der Seite auf, eine Frau begleitet ihn. Er sieht mich noch hinter der Bühne, verzieht aber keine Miene und geht vorbei ohne auch nur genickt zu haben. Dieses Nichtreagieren schmerzt mich. Er und die Frau gehen nach vorne, vor den halboffenen Vorhang. Ich sehe von hinten ihre Schatten auf dem Vorhang. Es ist eine wilde Verführungsszene. Der Co-Regisseur bedeutet mir, während dieser Szene schwungvoll und lustig mitzu-singen: „Die Liebe ist eine Liebelei, trallala.."

Ich hänge an seinen Lippen und singe, so gut es geht. Ich sehe Hans' Hand unter ihren Rock wandern.

Der Co-Regisseur ist begeistert über die Echtheit der Szene und will sich nun entfernen, sein Blick und seine Handbewegung meinen, ich solle weitersingen. „Aber ich kenne das Lied doch gar nicht!" flüstere ich ihm erschrocken zu.

Er nickt mitfühlend und sagt: „Ach ja, das kenne ich. Wie oft musste ich schon improvisieren und etwas machen, was ich noch gar nicht konnte. So ist eben das Theater…" Er zwinkert mir zu und verschwindet.

Ich kenne also nur den Anfang des Textes und improvisiere eine lustige Melodie, singe teils auf „lalala" weiter. Damit das Lied gut zur Handlung passt und ich die zwei da vorne sehen kann, trete ich ein Stück heraus, auf die Bühne. Einige können mich sehen. Gut, dann sorge ich eben dafür, dass mein Auftritt zum Bild passt und im Hintergrund bleibt. Ich spiele ein naives kleines Mädchen, das lustig vor sich her singt, Gesang ohne Bedeutung, einfach wie ein Mädchen, dass auf einer schönen Blumenwiese Blumen pflückt und sich des Lebens freut.

Vorne auf der Bühne haben Hans und die Frau mittlerweile Geschlechtsverkehr zusammen, was natürlich zum Stück gehört. Am Ende bringt er sie während des körperlichen Aktes um, auch das gehört zum Stück. Die Echtheit der Darstellung lässt mich innerlich erschrecken, während ich weiter das naive, singende Mädchen spiele. Eine weitere Frau wird nun von ihm im Stück um- gebracht. Ich finde, diese Unschuld, das Naive, Verletzliche, das ich spiele, passt gut, insofern, dass es durch diesen kaum erträglichen Gegensatz die Szene dort vorne noch viel drastischer macht. Ich bemühe mich also, mich nicht erschrecken zu lassen, sondern lustig weiter zu machen. Das fällt schwer, aber ich bin zufrieden, dass ich das kann.

Hans spielt überzeugend. Immer schneller, immer heftiger erdrosselt und ersticht er, es ist Theater, aber dieser Gesichtsausdruck kommt mir so echt vor. Vorne liegen mittlerweile viele, vielleicht 20, 30, 40 Frauen reglos in rotem Theaterblut. Ich möchte weinen oder schreien und doch fühle ich dieses nur, wie durch einen dumpfen, betäubenden Nebel hindurch, während ich weiter singe: „Die Liebe ist eine Liebelei, trallalallala."

Einseitig

Jemand der nicht da ist

in meinen schweren Zeiten

Jemand der sich nicht für mich ins Zeug legt

Jemand der mich nicht mehr anlächelt

sobald jemand anderes dabei ist

Der sich jeder Nachbarin herzlicher zuwendet

Jemand der mich nicht zwischendurch

mal einlädt, etwas Ungewöhnliches zu machen

Der glaubt, er müsse trennen

zwischen mir und allen anderen

Dem die Umarmung zu eng ist

Der nicht nach einer Überraschung sucht

die mich erfreuen könnte

Der mich nicht anrufen mag

aus einem Sonst-wird-es-ja-schwierig heraus

Was will ich mit dem?

Er kann es nicht sein

Nicht jetzt

und das Jetzt ist der einzige Moment, der real ist

Du darfst gehen

denn du warst nicht da

die ganze letzte Zeit

nicht bei mir

Ich vermisse dich nicht

denn ich hatte mich schon daran gewöhnt

Deine mangelnde Zuwendung

raubt dir die Attraktivität

Dein leerer, kalter Blick ist hässlich

Warum sollte es je mehr von dir geben, als heute?

Null ist nichtig

Herz ist wichtig

Kugelhagel

Wir sind Indianer zur Zeit des Wilden Westens. Die Männer sagen uns Frauen, die Lage habe sich zugespitzt. Sie hätten sich gerne mit den Weißen in Frieden geeinigt, doch die Weißen nähmen sich alles, einfach so, ohne etwas zurückzugeben, und wollen uns jetzt töten, sie haben ja auch schon einige von uns getötet. Wir müssten jetzt also kämpfen. Um einen Überraschungsvorteil zu bekommen, haben die Männer einen Plan: Wir legen erstmal alle Tomahawks und Messer in eine Schale und decken diese zu. Die Männer verstecken sich, während wir Frauen die Weißen an unsere Verkaufsstände herankommen lassen und sie ruhig kaufen lassen sollen. Wenn die Weißen alle dort sind und mit der Ware beschäftigt, soll es auf ein Zeichen hin losgehen.

Während die Männer sich noch verstecken, kommt schon der erste Weiße angeritten. Das ist eigentlich noch zu früh! Er steuert direkt auf meinen Stand zu, hat aber keinen der Männer gesehen, die sich in letzter Sekunde versteckt haben. Er überblickt meine Ware und deutet dann auf ein Messer, dass dort fatalerweise noch liegengeblieben ist. „Dieses Messer!" sagt er. Es ist ein sehr wertvolles Messer meines Bruders, ich wollte nicht, dass es im Kampf verschellt und habe es deshalb nicht in die verdeckte Schale getan, leider habe ich aber vergessen, es rechtzeitig zu verstecken. Wenn ich es ihm gebe, wird er uns damit umbringen!

„Ich kann das Messer nicht verkaufen, es gehört meinem Bruder." Der Mann greift sich das Messer bevor ich es schaffe, es an mich zu nehmen. Mein Bruder, der unter meinem Stand versteckt ist, kommt nun heraus.

„Da ist ja dein Bruder", sagt der Weiße grinsend, „er hat sicher nichts dagegen, wenn ich es mir nehme, nicht wahr?" Während er das sagt, schneidet er eine Scheibe aus dem Arm meines Bruders. Das Messer nimmt er mit.

Dann sehe ich eine Art Baum aus lauter weißen Armen dort stehen. In einer der H128den des Baumes ist das Messer! Mein Bruder steht neben mir. Ich fange an, belanglos mit ihm zu sprechen, damit der Baum sich unbeobachtet fühlt und uns nicht sofort angreift. Zwischendurch ziehe ich meinen Bruder beiseite und flüstere: „Der Baum dort hat Arme! Auf drei laufen wir weg- 1,2,3!"

Wir laufen, so schnell wir können. Der Baum wirft das Messer nach uns. Daneben! Hurra, ich kann das Messer einsammeln. Unsere Männer haben die Szene nun bemerkt und überführen den Weißen von vorhin, er ist oben auf einer Dachterrasse und hat den Baum computeranimiert (Träume sind nicht immer logisch). Er wird von den Männer weggeführt, so dass er uns nicht mehr schaden kann. Aber es wird erwartet, dass die restlichen Weißen, die auch Colts und Gewehre haben, bald eintreffen werden und versuchen werden, uns zu erschießen.

Bei uns sind etwa 15 Kinder. Wir Frauen müssen die Kinder schützen! Es sind nicht nur Indianerkinder, sondern auch weiße, sie kommen jeden Tag zum Spielen, vielleicht sind es Waise, auf jeden Fall sind sie unschuldig und sehr lieb. Wir gehen mit ihnen in das Haus, die Männer schützen es von außen. Wir beschäftigen die Kinder, spielen mit ihnen, lesen vor, damit sie nicht beunruhigt sind.

Ein älterer Mann neben mir- er ist auch mit uns im Haus, weil er uns von innen schützen soll und weil er selbst etwas alt zum Kämpfen draußen ist-, versucht einem sehr unruhigen, kleinen Jungen etwas vorzulesen. Er hat keinen Erfolg, der Junge weint noch immer.

„Lass mich mal!" sage ich. Ich setzte den kleinen Jungen auf meinen Schoß und lese liebevoll vor. Der Junge hört auf zu weinen. ‚Na bitte', denke ich, ‚ich kenne ihn eben besser.' Doch bei genauerem Hinsehen merke ich, dass das nicht der Grund ist, weshalb er still ist. Der Junge lauscht auf die Stille draußen, auf die Ruhe vor dem Sturm.

Als nächstes höre ich nur noch Kugelhagel, Kugelhagel, Kugelhagel. Wir erwachsenen Frauen lesen und lachen laut und reden betont unbekümmert, beschäftigen fürsorglich die Kinder, um deren Aufmerksamkeit bei uns zu halten, damit sie die Schrecklichkeit dieser Minuten nicht so sehr mitbekommen und diese nicht ihre zarten Kinderseelen zerstöre.

Ich bemerke, dass der Mann neben mir kritisch auf die Tür schaut, die nach draußen führt. Ich flüstere ihm zu: „Ich halte es für unwahrscheinlich, dass sie in diesen Raum hereinkommen, wir sind hier gut geschützt." Er stutzt, ist sich wohl nicht sicher oder hat etwas gehört. Er will nachschauen und geht zur Tür.

Ein sehr liebes, kleines, schüchternes, blondgelocktes Mädchen, etwa 9 Jahre alt, sitzt von innen vor der Tür.

„Geh da mal kurz zur Seite, ich möchte mal nach draußen schauen", sagt der Mann freundlich zu ihr.

Es ist ein Mädchen, das sonst fast nicht spricht und immer sehr versucht, allen Wünschen sofort nachzukommen.

„Ich stehe hier nicht auf!" sagt sie entschlossen und bestimmt.

Das ist überhaupt nicht ihre Art. Da stimmt etwas nicht. Der Mann geht zu dem Mädchen und hebt sie vorsichtig hoch. Wir sehen, dass sie bereits von Kugeln durchlöchert ist, fünf Einschüsse, zwei davon komplett durch sie hindurch. Die Tür war nicht schusssicher. Sie hat uns mit ihrem Körper schützen wollen! Deshalb saß sie vor der Tür.

Sie schreit noch einen kurzen Schmerzensschrei während sie ihren Kopf auf der Schulter des Mannes ablegt, dann ist sie tot.

Der zerfallene Körper

Ich bin im Badezimmer. Mein Körper ist in zwei Teile zerfallen. Auf der einen Seite mein Kopf mit Armen. Auf der anderen Seite mein Rumpf mit den Beinen, er ist schon etwas kalt und leblos, in die Toilette gequetscht wie ein großes Suppenhuhn in einem zu kleinen Topf, der Hintern hängt oben heraus. Bin ich jetzt tot? Nein, mein Bewusstsein ist noch in meinem Kopf, ich bin also nicht tot. Ich erinnere mich: Mir ist es schon einmal passiert, dass mein Körper so zerfallen ist. Wenn ich es schaffe, beide Körperteile wieder zusammenzustöpseln, kann ich weiterleben. Doch wie soll ich das bloß alleine schaffen? Ich rufe Hans an, um ihn um Hilfe zu bitten. Er geht nicht ans Telefon.

Ich erinnere mich: Ich habe das ja schon einmal alleine geschafft, also muss es auch dieses Mal irgendwie möglich sein. Ich hebe den unteren Körper aus der Toilette. Ich weiß nicht genau, wie ich das nur mit den Armen geschafft habe, aber es ging. Er ist unglaublich schwer. Ich trage ihn zur Dusche. Ich wasche ihn. Ich versuche ihn zu wärmen, ihn wachzustreicheln. Er soll warm werden, damit es nicht so unangenehm kribbelt, wenn er wieder angeschlossen ist, denn ich denke mir, dass es sich erstmal so anfühlen wird, wie ein eingeschlafenes Bein, das wieder erwacht, wenn wieder Blut fließt, nur viel schlimmer, denn noch ist keine Empfindung in meinem unteren Körper.

Hans ruft an. Ich sage: „Mein unterer Körper hat sich abgetrennt von mir. Ich versuche gerade, ihn wieder mit meinem oberen Teil zu verbinden, aber es ist ziemlich schwierig."

Er sagt: „Wegen so einer Kleinigkeit rufst du an…"

Ich sage: „Tut mir leid, dass ich dich störe, aber für mich war das jetzt *schon* ein Notfall. Ich wusste nicht, ob ich tot bin.“

Er schimpft: „Hast du mal daran gedacht, wie ICH mich fühle? Was ICH erlebt habe? Weißt du, wie das ist, wenn man eine Frau zum Flughafen in die Türkei bringt und sie meldet sich gar nicht mehr?“

Ich frage: „Ist dir das gerade eben passiert?“

„Nein“, entgegnet er, „es ist 15 Jahre her, aber das beschäftigt einen natürlich. Ich bin jetzt deswegen in die Türkei gefahren, um sie zu suchen. Nicht dass sie noch von Terroristen gekidnappt wurde!“

Ich denke kurz nach und sage dann: „Du warst doch vor 15 Jahren noch mit deiner Frau zusammen. Bist du mir der Frau, die du jetzt suchst, auch fremdgegangen?“

Er lacht: „Ja sicher, was glaubst denn du!“

Ich lasse den Hörer sinken. Ihm ist es wichtiger, diese Frau von vor 15 Jahren zu finden, als meinen Körper wieder zum Leben zu bringen. Dabei hatte ich mich doch nur nochmal auf Hans eingelassen, weil er dieses Mal auf mich achten wollte. Das hier habe ich nicht erwartet.

Ratlos sehe ich meinen leblosen, gefühllosen, von mir abgetrennten, armen Körper unter der Dusche liegen.

Bestandsaufnahme

Wo ist es hin, was ich so an dir mochte?

Was war an dir?

Was ist noch da?

Deine Tiefe- arbeitest du zu

Deine Kraft- schwindet mit dem selbstgewählten Stress

Deine Verletzlichkeit, die mir einst den Blick auf deine

Seele hat erhaschen lassen-

    verhindert Nähe und Offenheit

Dein tiefer Blick, der dich so attraktiv machte- gilt jetzt

anderen

Deine Begeisterung- wo ist sie hin?

Dein Charme- war vorgestern

Deine Nachdenklichkeit- kommunizierst du nicht mehr

Die Möglichkeit, dich in mir zu verlieren- ist weggetaucht

Die vertraute Ausstrahlung- ja, die ist noch da

Immerhin

Deine Ehrlichkeit

war nie sehr groß, aber sie wächst

Immerhin

doch langsam

und die ist mir wichtig

Aber jemanden, der nicht liebt- nicht mich

will ich nicht

Du brauchst Zeit

Du weißt nicht

Aber ist es nicht längst klar?
Und wenn du mich doch wiedersehen wolltest
Will ich jemanden
Der mich nur ein bisschen lieb hat?
Mit dem kann ich vielleicht mal einen Kaffee trinken
Vielleicht willst du gar nicht mehr
Oder sogar weniger

Aber was will ich?
Will ich dich noch?
Mit so wenig Engagement für mich?
Was bin ich mir wert?
Du hast Stress jetzt
Aber wann nicht?
Du bist randvoll
mit Zeit für alle
und deswegen zu wenig
für einige
für mich

Wer bist du?
Welche Rolle spielst du mir?
Was zeigst du mir
über mich?

Geh doch.

Der Schluss

Viele leere Worte

Seltsam

diese Worte zu hören

von denen ich glaubte

sie würden mich verzweifeln lassen

stattdessen dazustehen

und die tiefe Gewissheit zu haben

dass alles gut so ist

wie es ist

Du redest und redest

machst viele Worte

und doch sind die Worte leer

Ich bin die, die Klarheit mag

Du warst es nie

Was ist passiert mit dir?

Was war? Was ist?

Du sprichst nicht darüber

Aber kleidest das in einen hübschen Mantel

Wozu sich noch gut darstellen wollen

wenn man es beendet?

Ich bitte um Wahrheit

und weiß doch

dass ich so etwas nicht von jemanden verlangen kann

der das Lügen gewohnt ist

Ich kann Wahrheit nicht außen von dir einfordern

sondern kann sie nur in mir selbst finden

wo sie schon lange schlummert

Ich höre deine leeren Worte

und denke- ja, das bist du

Und das ist nicht mein Weg

Ich wäre mit dir weitergegangen, viel weiter

Hätte dich gestützt

Hätte nicht das Gleiche wiederbekommen

Hätte es trotzdem getan

Es wäre kein leichter Weg gewesen mit dir

Es ist, als wollte mich jemand davor beschützen

und lässt dich jetzt Leere reden

um mir zu zeigen:

Sieh nur hin, das ist nicht deine Kategorie

Ich liebe die Tiefe

Manchmal habe ich sie in deinen Augen gefunden

Aber da ist sie nicht mehr

Sie sind leer

Ich sehe einen alten Mann

der um Worte kämpft

um nichts sagen zu müssen

Ich lächele aus der Ferne

Ein winziger letzter Kuss

Ein lächelndes „Adé"

Das war's

Das Blümchen

Es war einmal ein Mädchen, das lebte in einem kleinen, schönen Häuschen. Es war recht klein und schlicht, aber doch gemütlich. Sie hatte es sich schön dort zurechtgemacht und hatte auch ein paar Pflanzen, die sie pflegte- drinnen und draußen. Seit langen Jahren schon lebte sie dort alleine, aber im Grunde wartete sie die ganze Zeit auf die Rückkehr des Mannes. Eigentlich war es ebenso auch sein Haus. Und tatsächlich: Nach all den Jahren der Abwesenheit kündigte der Mann sein Kommen an: Er wollte zurückkehren zu seinem Mädchen, er wollte endlich wiederkommen und sie in seine Arme schließen.

Sie war voller Freude und schmückte das Haus für seine Ankunft. Aber sie wusste auch, wie es gewesen war, vor Jahren, bevor er gegangen war. Sie war diejenige gewesen, die alleine im Haus für beide geputzt, aufgeräumt, gewaschen und gekocht hatte (er konnte es aus irgendeinem Grunde nicht selbst), sie hatte ihn gehegt und gepflegt und versucht, ihm jeden Wunsch zu erfüllen- und mehr als das. Sie liebte es ja auch, zu geben, und er hatte es genossen und sich gerne verwöhnen lassen. Allerdings hatte sie (außer seiner Freude darüber) nicht wirklich etwas von ihm zurückbekommen. Wenigstens ab und zu ein kleines Zeichen, dass auch sie für ihn wichtig war, dass auch er bereit wäre, etwas für sie zu tun oder mitzubringen, das wäre wichtig gewesen. Dann war er einfach ohne ein Wort für Jahre verschwunden und hatte sein Mädchen allein zurückgelassen. Sie hatte gar nicht gewusst, warum, oder ob ihm etwas passiert wäre, ob er überhaupt wiederkommen würde. In dieser ganze Zeit ohne ihn war ihr klargeworden, dass sie auf diese Art und Weise nicht mehr mit ihm sein konnte. Sie wollte nur noch dann mit ihm zusammensein, wenn wenigstens ein kleines Zeichen auch von ihm käme.

Der Mann wusste doch immerhin, wie sehr sie Blumen liebte.

Um nun herauszufinden, ob der Mann auch für sie da sein wollte, wollte sie schauen, ob er ihr etwas mitbringen würde, zum Beispiel eine Blume. Die Blume sollte ihr zeigen, dass auch er bereit war, ihr etwas zu geben. Wenn er ihr etwas mitbringen würde, würde das doch zeigen, dass er sich geändert hatte! Das war eine gute Idee, fand das Mädchen.

Nach zwei Stunden allerdings war sie sich dieser Idee nicht mehr so sicher. Hatte er denn überhaupt die Möglichkeit, auf seinem Weg zu ihr an eine Blume heranzukommen? Denn wenn nicht, würde er womöglich zu ihr kommen, die ganze Zeit daran denken, dass er ihr eine Blume schenken möchte, nirgendwo eine finden und dann mit leeren Händen vor ihr stehen und würde doch trotz guter Einstellung von ihr weggeschickt werden.

Damit das nicht passierte, ging das Mädchen zu seinem anderen Haus, wo er sonst lebte (Ich weiß, lieber Leser, das ist nicht logisch. Hätte sie von dem Haus gewusst, hätte sie doch schon früher versucht, ihn dort zu finden. Aber sie wusste es- und wusste es nicht). Sie ging zu also zu seinem anderen Haus, wo er sonst lebte und stellte dort drei Tage vor seinem Kommen heimlich zwei Blumen hin- im Blumentopf, damit sie sich lange hielten. Er würde die Blumen finden. Falls er den Wunsch verspüren würde, ihr etwas zu bringen, könnte er ihr also diese Blumen bringen.

Was sie nicht wusste, war, dass er schon seit Jahren nicht mehr zu Hause war. Er irrte schon seit langem verloren durch die Wüste.

Der Tag kam, an dem sich beide treffen wollten. Nun wusste das Mädchen, aus welcher Richtung er kommen würde. Sie ging ihm entgegen. So gingen sie aufeinander aus großer Distanz zu. Dazu mussten sie aber von beiden Seiten die Wüste durchqueren. Dem Mädchen machte die Wüste nichts aus. Sie war dort aufgewachsen und mochte die Wärme. Sie wusste sogar, wie sie in ihrem Garten (der auch irgendwo in der Wüste war) trotz aller Hitze Pflanzen blühen lassen konnte.

Dem Mann aber machte die Wärme zu schaffen. Er keuchte vor Anstrengung, er schwitzte sehr und sein Kreislauf setzte ihm zu, sein Herz klopfte. Von weit her irgendetwas mitzutragen, wäre anstrengend gewesen. Er ging mit leeren Händen.

Da sah er auf seinem Weg ein kleines rotes Blümchen blühen, mitten in der Wüste! Erstaunlich! dachte der Mann. Er wusste ja, dass sie Blumen liebte, besonders die roten Blümchen. So pflückte er es und wollte es dem Mädchen mitbringen.

Nach einiger Zeit jedoch ließ die Sonne das Blümchen ein wenig welk erscheinen, der Kopf streckte sich nicht mehr ganz so strahlend in die Höhe, sondern fing an, sich sachte abzusenken.

„Ach", dachte sich der Mann, „ist ja nur ein Blume, war ja auch nur so ein unsinniger Gedanke, sie mitbringen zu wollen, was soll ich meinen Weg damit belasten."

Und so warf er das Blümchen fort.

Ende und Anfang

Seltsam
Wie unter einer Glocke nehme ich doch wahr
wie die Sonne scheint
wie die Vögel zwitschern
und wie frisch die Luft riecht
nach Neuanfang

Seltsam
Es tut gut, dieses Gefühl
dieses Mal zumindest
alles richtig gemacht zu haben vor mir
Geliebt zu haben

Ich habe es gut gemacht
Ich war letztendlich endlich ehrlich zu mir

Adé Generierer der nichtssagenden Worte
Willkommen neues Leben

Das schwere Gewicht

Ein Kai lag am tiefen Wasser am Meer. Dieser Kai hatte keine erkennbare Funktion- es gab keine Schiffe dort und auch keine Menschen, die mit irgendetwas beschäftigt gewesen wären. Der Kai war nur ein gebauter Vorsprung am Wasser, das dort so tief war, wie die Mitte des Ozeans. Das Meer schien durch seine Tiefe dunkel, doch es war still.

Am Rande des Kais war Hans. Er wollte sich in das Wasser stürzen und ertrinken. Lili sah das. Sie war mit ihrem Zwillingsbruder dort. Sie wollten Hans zurückhalten und liefen schnell herbei. Doch Hans sah das und schrie: „Ich will auf keinen Fall gerettet werden!" Eilig band er sich das Ende der Kette eines mehrere Tonnen schweres Gewichtes um seinen Fuß. Das Gewicht war dort am Rande des Kais, und schwebte, nur von einer Halterung am Fallen gehindert, über dem Meer. Hans machte nun ganz schnell die Halterung des Gewichtes los und sprang ins Wasser.

Sobald er aber im Wasser schwamm, streckte er doch die Hand aus und schaute Lili und ihren Bruder mit weit aufgerissenen Augen angstvoll an, flehentlich, wie ein Hilfeschrei. Der Bruder des Mädchens sprang sofort in die Flut und fasste die Hand des Mannes.

Da ging das Gewicht los und riss die beiden pfeilschnell in die Tiefe. In der halben Sekunde, die der Bruder brauchte, um die Hand wieder zu lösen, um nicht mitgerissen zu werden, war er schon etwa sieben Meter in die Tiefe gezogen worden. Der Bruder schwamm wieder hoch und schaute mit seiner Schwester traurig ins Wasser.

Der Mann strampelte in der Tiefe und schaute hoch, als das Wasser in seine Lunge strömte. Er wehrte sich gegen den Tod. Dann war er in der Ozeantiefe verschwunden.

Warum hat er das nur gemacht? dachte Lili. Hätte er wirklich sterben wollen, wäre er irgendwann in aller Ruhe ins Wasser gegangen, ohne das Gewicht und hätte ruhig das Wasser seine Lunge füllen lassen, er wäre ohne Gegenwehr gewesen. Dass er strampelte, bedeutete, er wollte nicht wirklich sterben. Er dachte nur, dass er wollte. Er wollte sich zwingen, es zu wollen.

Ohnmächtig und traurig sahen Lili und ihr Bruder auf die Stelle ins Wasser, wo Hans verschwunden war.

Dich loslassen

Vielleicht ist es nur
eine der vielen Übungen
dich loszulassen
damit ich dich irgendwann
für immer gehen lassen kann
wenn deine Zeit gekommen ist

Vielleicht ist es für immer
und ich muss es jetzt schon können
Dich loslassen

Meine vielen Erwartungen an dich
loslassen

Dich gehen lassen
Zu vertrauen, dass du weißt, was gut für dich ist
auch wenn ich es nicht bin
Oder nicht jetzt
Oder nie

Zu vertrauen, dass es gut so sein kann
Gut auch ohne dich
Vielleicht wirst du ohne mich freier sein
Vielleicht wird es irgendwann gut so sein

Kann ich dich loslassen?

Irgendwann müssen wir alles loslassen
Alle Werte, alle Orte
alle Zeit
all die Lieben
Ich übe den Tod
Nur die Essenz dürfen wir mitnehmen
Was ist für mich deine Essenz?
Was bleibt im Herzen?

Man sagt, wer loslässt, schafft Platz für Neues
Vielleicht müssen wir viel Tod üben
damit viel Leben werden kann

Dich loszulassen
ist verdammt schwer
dich gehen zu lassen
tut verdammt weh
Doch es muss sein
und wenn nicht jetzt
dann irgendwann anders, wenn du gehst
oder wenn ich gehe

Ich übe, ich übe
das Loslassen
Ich tue mein Bestes
möchte es schaffen
irgendwann

Es soll weitergehen für mich
gut weitergehen
Und wenn nicht heute
dann morgen

Lieben kann ich dich
auch ohne bei dir zu sein
ohne dass du mich wiederliebst
Ich darf lieben
Aber wo ich dich haben will
wo ich erwarte
dass du Dinge tust
dass du mich willst
enge ich dich ein

Vielleicht willst du nicht mit mir zusammensein
Vielleicht ist das zu eng
Vielleicht liebst du mich nicht
Die Zeit wird es zeigen

Vielleicht vermisst du mich nicht
Vielleicht wird es dann in Ordnung sein
Vielleicht werden wir schneller sein
ohne einander
Vielleicht werden wir glücklicher sein
ohne einander
Die Zeit wird es zeigen

Gott bitte- lass es gut werden
Lass das Beste werden für alle
Und was da auch immer wartet
Lass es uns schaffen
So sei es.

Nachklang

Der Flutwelle entkommen

Was für ein schöner Urlaubsort! Es ist hügelig und warm. Links, weiter weg, der Strand und das Meer, rechts hier ein Wasserfall, wo ein paar Leute aus Spaß herunterrutschen, viel Natur. Ich schreibe gerade jemandem eine Karte, schreibe, dass ich einen wunderbaren, erholsamen Ort gefunden habe, wo man Urlaub machen kann.

Da sehe ich eine riesige Flutwelle auf mich zurasen. Die Flutwelle aus Richtung Meer ist schon unten auf der Straße und kommt sehr schnell näher. Sie türmt sich in meine Richtung auf. Ich laufe weg, so schnell ich kann, den Berg hoch, weg von der Welle, hin zu meinen Sachen. Dort oben finde ich meine zwei Taschen, die ich mir ganz schnell umhänge. Das Wichtigste ist zum Glück dort drin. Einige Zettel muss ich zurücklassen, doch das ist nicht so schlimm. Ich laufe weiter und bin gerettet.

Zu wenig

Nein, du hast nichts falsch gemacht.
Nicht jetzt.
Und damals hätte das gereicht.
Damals- als ich für dich entschieden war.
Ich habe alles auf eine Karte gesetzt-
und verloren.
Denn du warst nicht entschieden.
Du hast mich in den Wind geblasen.
Das war wohl dumm von dir.
Ich habe unter Schmerzen losgelassen.

Und jetzt bist du wieder da.
Nach drei Monaten.
Sagst, du willst mich.
Sagst, du hast mich doch geliebt.
Worte, die ich mir damals so gewünscht hätte.

Deine Worte haben mich oft geblendet.
Dieses Mal werde ich schauen.
Will sehen, was ist.
Werde Taten glauben statt Worten.

Ich habe damals alles riskiert.
Du riskierst- ein bisschen.

Nein, falsch machst du nichts.

Wenn du mir damals die Hand hinhieltest
habe ich mich fast jedes Mal so beeilt, sie zu greifen.
Jetzt bin ich diejenige
die nur die Hand hinhält
und ich schaue, was passiert.

Einmal nimmst du sie- sehr zögerlich.
Ein zweites Mal nicht mehr.

Ich habe viele Jahre viel getan
für jede Minute mit dir.
Was tust du jetzt?

Du machst nichts falsch.
Damals hätte das gereicht.

Heute ist es mir zu wenig.

Das Kätzchen

Ein kleines, halbverhungertes Kätzchen steht vor meiner Tür und miaut kläglich, es möchte unbedingt bei mir bleiben. Also gut. Ich lasse sie herein. Ich lege ihr Katzenfutter hin. Nach längerer Zeit hat sie noch nichts gegessen. Ich sehe jetzt, dass ihre Zähne vorne gänzlich ausgeschlagen sind. Das arme Tier! Ich weiche das Futter in Wasser mit Sahne ein. Sie isst es nicht.

Ich frage sie: „Was willst du denn bloß essen?"

Weinerlich antwortet sie: „Ich will einen Apfel!"

Einen Apfel?! denke ich. Die Katze ist wohl von einer Frau sozialisiert worden, die diese als Ersatzkind benutzt hat. „Ein Apfel ist nicht gerade katzengerecht", sage ich.

„Man soll jeden Tag einen Apfel essen, hat meine Mama gesagt. Meine Mama hat mir jeden Tag einen Apfel fertiggemacht." Die Art, wie das Kätzchen wissend die Augenbrauen erhebt, erinnert an eine sehr feine Lady und steht im komischen Gegensatz zu ihrem äußeren Erscheinungsbild. Also gut, ich mache ihr erstmal ein kleines Stück Apfel, damit sie zufrieden ist und schneide es in kleine Stücke.

„Nein, bitte davon", sagt sie scheinbar wählerisch und zeigt auf den übriggebliebenen Griepsch und die kleine verhornte Stelle, die ich als Abfall aus dem Apfel geschnitten habe. Dieses Kätzchen hat wohl nur die Abfälle bekommen. Ich lasse sie essen. Dabei frage ich weiter:

„Magst du denn Käse?"

„Hm", sagt sie. Es hört sich an wie ein zweifelndes „Hm", aber ihren Augen ist anzusehen, dass sie Käse durchaus äußerst lecker findet, sich aber nicht traut, dies zuzugeben.

„Oder Salami?" frage ich, denn das ist sicher deutlich genug für sie menschlich, aber trotzdem Fleisch.

Das Kätzchen strahlt: „Ja! SalamiBROT!"

Ich freue mich, dass wir etwas gefunden haben und mache ihr eine dicke Scheibe Salami mit einem dünnen Hauch an Brot.

Sie frisst voller Genuss und sagt: „Oh lecker! Das ist ja fast so gut, wie Steak…"

„AHA!", sage ich, „Du kennst Steak…"

Illusion

Ich dachte, ich wäre die Frau deines Lebens
Und du hättest nur nicht so genau hingeschaut.

Ich dachte, du liebst mich
Nur kannst du es nicht aussprechen.

Ich dachte, du brauchst nur ein wenig Zeit
und dann wirst du schon zu mir stehen
Dich einlassen auf mich.

Ich dachte, es sei eine Frage des Mutes.

Ich dachte, ich wäre gut für dich
Und weil du mir so unglaublich wichtig bist
dachte ich, ich wäre es dir auch.

Und jetzt sehe ich-
Ich habe nicht so genau hingeschaut
Ich habe mir ein Luftschloss gebaut
und die Seifenblase ist geplatzt.

Ich wollte gerne, dass du mich liebst
Ich wollte, dass ich dir die Wichtigste bin
Also habe ich mir mein Bild so zurechtgemacht.

Ich dachte, die tiefe Sehnsucht in deinen Augen gilt mir

Ich dachte, dein tiefes Lächeln wäre dein „Ja"

Ich sehe nun: Das war ein Luftschloss
Dein Herz war immer woanders
Ich kann mich nicht mehr gegen diese Erkenntnis wehren.

Wehre dich nicht!
Ich wollte das Luftschloss
weil ich es mir realgeträumt habe
Jetzt will ich keine Fatamorgana mehr.

Ich sehe: nicht du hast mich betrogen
Ich habe mich betrogen.

Immerhin- habe ich doch noch hingeschaut
Immerhin-habe ich die Seifenblase platzen lassen
Immerhin- laufe ich nicht mehr dem Trugbild hinterher
sondern weiß jetzt: hier ist Wüste
und nur echtes Wasser stillt meinen Durst.

Ich will weitergehen
Mit offenen Augen
Doch mir nicht so sehr Wasser wünschen
dass ich bei jedem kleinsten Glitzern in der Ferne
den Ozean vermute.

Ich will nicht suchen
sondern nur offen sein, zu finden.

Will genauer schauen.

Will Worte für voll nehmen.

Will nicht mehr schönreden

sondern ein geduldiger Wanderer sein

der seinen Weg geht, Schritt für Schritt.

Mit offenen Augen

Erkennend

Wahrnehmend

Egal, ob es schön oder hässlich ist

Nur aufmerksam hinschauend

Aufmerksam mit allen Sinnen.

Mensch und Seele 3

Ich spüre deine Seele.
Ich sehe deine Seele.
Und ich liebe deine Seele.
Sie ist so rein, so wahr.
So pur, so voller Licht.
Sie ist vollkommen.
Ich sehe dich- in diesen Möglichkeiten.

Das bedeutet jedoch gleichzeitig,
dich nicht im Jetzt zu sehen;
dich nicht als den Menschen zu sehen,
der du jetzt bist.

Liebe ich dich, wie du bist?
Wer bist du?
Bist du der Mensch im Hier und Jetzt?
oder bist du deine Seele in der Ewigkeit
der All-Zeit?

Du lügst und betrügst und schweigst.
Das ist nicht, was ich liebe.

Doch warum höre ich deine Seele reden
und Wahrheit sprechen ohne Worte?
Warum glaube ich dir Seele mehr als dir Mensch?

Warum höre ich sie nur alleine und du nicht?
Sie ruft nach Wahrheit- und du hörst es nicht.
Sie liebt und du Mensch trägst es nicht nach außen.

Ich pflegte die Seele zu sehen,
statt dich Mensch.
Und doch ist es der Mensch, der handelt,
Der mit mir umgeht
und der von mir fortgeht.

Wenn ich im Hier und Jetzt mit dir sein will,
wenn ich mit dir eine verlässliche Beziehung leben
möchte,
dann muss ich sehen, wie du *jetzt* bist.

Und das heißt, ich muss mir eingestehen:
Du-Mensch- bist für mich-Mensch- nicht gut.

Vielleicht können wir uns lieber als Seelen treffen-
Später, viel später, sage ich Mensch.
In der All-Zeit sagt die Seele

Frag mich

Alma
wenn du es wissen möchtest
wenn du Fragen hast
frag mich
ich werde da sein
Du hast die Wahrheit verdient
wenn du sie hören willst
Es tut mir leid, dir wehgetan zu haben
mehr als ich sagen kann

Wenn du es möchtest
frag mich
Ich werde antworten
Wahrhaftig
Jederzeit

Mensch und Seele 4
Nachwort für den Leser

Ich spüre deine Seele
Ich sehe deine Seele
Und ich liebe deine Seele
Sie ist so rein, so wahr
So pur, so voller Licht
Sie ist vollkommen
Ich sehe dich- in diesen Möglichkeiten

Und ich sehe dich- Mensch
So unvollkommen
So voller Fehler
wie ich- Mensch- auch

Mensch- erlaube deiner Seele
durch dich zu handeln
Gebe deiner reinen Seele Worte und Flügel
Strebe nach Vollkommenheit

Nun sind wir hier Menschen
Wir sind nicht vollkommen
Wir müssen es auch gar nicht sein
Doch wenn wir versuchen
unseren Weg zu gehen
und immer häufiger zulassen

unsere Seele zu zeigen
werden wir irgendwann
dahin kommen, wo wir immer sein wollten
und es wird Licht

Mensch, ich liebe dich-
weil du auf dem Weg bist